어느덧 기억의 바다

빛남시선 149

어느덧 기억의 바다

고
석
근
시
집

빛남출판사

• 시인의 말

이 세상 모든 존재,

시간의 흐름 속에서 변해가지만

그래도 변하지 않는 것은 문학에 대한

한결같은 열정.

안락한 삶이 아닌 충만한 삶에 이르고자

탈출과 변신

멈추지 않겠습니다.

2023년 여름

금정산 병풍바위와 마주하는 서재에서

시인의 말 • 5

1부

가을의 문턱에서 • 13
백일홍 그 여름 • 14
성지곡수원지 • 15
계곡물 • 16
딱따구리 • 17
연어 • 18
고목枯木 • 20
붉은 고추밭 • 22
비단거미 • 23
산길에서 • 24
담쟁이가 설 자리 • 25
비단거미 2 • 26
치자 꽃 • 28
매화는 다시 핀다 • 29
신발을 보았습니다 • 30
궁금한 질문 • 32

2부

- 할매 • 37
- 성냥간 • 38
- 아버지 • 39
- 머리방에서 • 40
- 그리움 • 42
- 폐선 • 43
- 꽃돌 • 44
- 기억 찾기 • 46
- 빈 마음 • 48
- 기억 • 49
- 연기가 피어오른다 • 50
- 코끝에 부는 바람 • 51
- 2020년의 보릿고개 • 52
- 갈치 잡이 • 54
- 곰소염전 • 55
- 화음和音 • 56

3부

애완돌 • 61

존재 이유 • 62

달라진 세상 • 63

불변의 법칙 • 64

창밖의 풍경 • 66

다반사 • 67

불멸 • 68

파도 때리기 • 69

몸짓으로 산다 • 70

직선 • 71

마음이 닮았다 • 72

차별 • 73

구세군 종소리 들으며 • 74

바다 발전소 • 76

손톱 위 예술 • 77

모내기 • 78

산 위의 철탑 • 79

4부

사람 속은 알 수 없구나 • 83
안동 하회마을 • 84
콩나물 음표 • 85
하회 세계탈박물관 • 86
강제 집행 • 87
마음이 통했다 • 88
인생을 돌아보다 • 89
풍경 • 90
하루의 몽상 • 91
성지곡 고양이 급식소 • 92
낙서 문화 • 93
최동원 • 94
대나무 • 95
양심의 추 • 96

해설_기억의 바다, 변하는 것과 변하지 않는 것 • 101
문선영 (문학평론가·시인·동아대 교수)

1부

가을의 문턱에서

산속이 익어간다
다람쥐와 청설모
하루해를 붙들고
담아 둔 곳간
망각의 늪에 묻혀 있는 도토리
기억의 조각은 산을 넘지 못한다
배고픈 창자에 흔들리던 상처가
또 하나의 산을 넘어가는
가을의 문턱에서

백일홍 그 여름

느닷없이 동네 풍경이 새로워졌다
거리에 둥근 꽃밭이 생기고
백일홍 온 여름 붉게 탄다

장대 같이 꽂히는 빗발들
온몸으로 받아내며
오래 꽃임을 증언하듯이
온 백일을 견디고 섰다

수백 송이 만개한 천년이
전개되는 계절 인간이 사랑한 꽃
백일의 개화 그 기록을
하루하루 가슴 조이며 넘기고 있다

성지곡수원지

복사꽃 살그미 실눈 뜨니
벚꽃나무는
겨우 붙들고 있는 꽃잎을
짙푸른 도화지에 쏟아붓는다
서투른 공중 곡예 가슴 후련해
잔잔한 물살에 몸 내맡기고
뱃놀이 즐기는데
어디선가 달려온 물오리 부부
같이 놀자고 칭얼대지만
난생처음 맞닥뜨린 소리 없는 일탈
깨뜨리고 싶지 않다

가지 늘어뜨린 실버들
제풀에 흥얼거린다

계곡물

닦아 놓은 길을 따라
졸졸,
케케묵은 귓속 가려움증 사라진다

입술 꼭 다문 채
졸졸,
태고의 여운만 남긴다

언제나 낮은 곳을 고집하며
졸졸,
내가 사랑하는 사람을 닮았다

한 치 빈틈도 없이
졸졸,
큰물이 남기고 간 부드러운 말씀

딱따구리

평생 무대인 통나무에
마음은 흩어져 내린다
전매특허 부리로 아방궁 지으니
구중궁궐이 눈 아래다
오늘도 한아름 넘는 나무 붙들고
천지간에 자기의 터를 만들고자
산꾼의 시선 따윈 아랑곳이 없이
콕, 콕, 콕,
포효하는 사자를 능가한다
부모에게 물려받은 긴 혀
그 쓰임새는 따라올 자가 없으니
내가 꼭 그렇다

연어

어머니 강을 떠나야 한다

떠난 자리 꼭 돌아와야 한다는
약속이 있다

떠날 때 연어는 한 마리 연약한
물고기가 아니었다

거대한 파도에 몸을 맡기며
파란만장
목숨 붙들고 살아야 하는
살아서 어머니 강으로
돌아가야 하는 몸뚱이

안개 자욱한 생의 골짜기 헤치며

상어 이빨에 붉은 피 쏟아지는 날
내리친 폭포에 찢어진 근육으로

반짝이는 연약한 물방울

비켜갈 수 없는 마지막 길목마다
날 세운 발톱 보인다

버거운 생의 흔적 남겨 두고
어머니 강에 이르자
미처
신발도 벗지 못한 채

그는 흐르는 물에
마침내
목숨을 쏟아 놓는다

고목枯木

뜨거운 피가 끓고 있을 때
지나가는 말로 들었던 것이
지나가는 말이 아니라는 것을
저녁에서야 깨달았다
푸른 시절
우듬지 하늘로 향해 소리쳤고
겨우내 자라목이 된 이웃에게
꽃망울 품어 봄소식도 전했다
숨비소리는 일상
대물림이 으뜸이라
산등성이까지 혈통이었다

어느덧
곰삭은 세월의 무게에
너덜너덜해진 껍질 벗어버리니
바람의 애무 공세는 그칠 날이 없고
온몸에 꺼칠하게 핀 허연 버짐
점령군이 되어 고통과 속박을 더하며

사흘을 굶은 좀벌레에
구멍난 가슴은 휘파람새 소리를 낸다
그래도
이승의 찌꺼기 다 훑어내지 못해
고향으로 돌아가 새싹을 키울 꿈에
한껏 부풀어 있다

붉은 고추밭

온 여름 텃밭 뙤약볕에서
대롱대롱 고추가 내리면
긴 장대에 허리 줄을 묶어가며
힘든 무게라도 덜어주려
덜 익은 풋고추를 솎아 낸다
인생도 누가 든든한 말뚝
어디다 단단히 묶어 준다면
좋을까 싶어 둘러보면
여럿 식구들 의지가지가 되어
함께 이리저리 묶여 살아간다
가을이면 이 가지 저 가지
잘 익은 홍고추를 따서
와시랑 와시랑 마당에 널어 두고
겨울 김장 매운맛을 나누는
붉은 고추밭 이야기가
태양의 맛처럼 맛있게 익는다

비단거미

촘촘한 그물코
바람도 떨고 있다
날카로운 눈빛 번뜩이며
숨 삭이고 밤낮을 기다린다
한 뼘 하늘이 가까운 곳에서
모래처럼 깔린 별들과
묵언의 대화가 무르익어 가는데
새벽이 밤을 삼킨다
짊어진 숙명이 외톨이라
비단옷으로 몸뚱이 둘러 감고
허기 달래 줄 먹잇감 노려보지만
검불만 목매단다
간단없는 지상의 파노라마
마음 끌리긴 해도
원초적 본성을 잃지 않으려고
헐거워진 그물코 손질한다

산길에서

한 걸음 높아진 하늘
등산화 끈 조여 매고 집을 나선다
한여름 힘자랑하던 나뭇잎
바람 없어도 시나브로 낙엽 진다
돌아보니
나무 위에 걸터앉은 까마귀 한 마리
까옥 까옥
악보 없이도 산 울리는 저 우렁찬 소리
까옥 까옥 까옥
그늘진 골짝이 가득하다
배운 적 없이도 터져 나오는
저 자연의 음향 앞에 마음 씻는다
한 모금 남은 생수로는 너의 목마름을
채울 수 없다

가을의 끄트머리가 휑하다

담쟁이가 설 자리

어디든 마음 붙여야 하기에

배부른 돌담과 어우러져 산 지 오래

어쩌다 도시의 높은 건물을 휘감는다

땅 위 제일 높은 곳까지

두 팔 뻗어

귀여운 조개구름 얼굴에

푸른 꿈 덧칠하고 싶은데

딛고 올라갈 사다리 없어

꿈은 쭉정이로 영글어간다

비단거미 2

나뭇잎 불긋불긋 속살 드러낼 때
곡예는 막장을 달린다
그저 단풍에 취해 시선 **빼앗겨**
허공과 허공 사이 둥근 그물 펼쳐 놓고
긴 묵상에 들어간다
그물코 사이로 스치는 바람
시린 겨울을 귀띔하지만
새로 지을 둥지 꿈꾸며
헝클린 마음 다잡는다
울부짖는 바람
쏟아지는 작달비에도
본성 흩트리지 않으려고
입 앙다물고 지내온
승리도 패배도 없는 삶
어느새
봄기운 계곡을 감싸고
어린 까마귀 활갯짓 가벼울 때면

새로 짠 그물 하늘에 던져 놓고

또

때를 기다린다

치자꽃

초여름 유월의 정원에
달콤하고 진한 향기
하얀 바람개비 같은 치자꽃이 핀다
저를 쉽게 버리고
기억에서 잊힌 여자
금세 뚝 힘없이 떨어져서
야속한 세상 서러운지
풀썩 그늘에 주저앉더니
노숙하는 거리에 그 여자처럼
순백의 하얀 드레스
별처럼 고귀함은 간곳없고
누더기 진 마음에
또 한 겹의 표정
노란 더러움을 주워 입는다

매화는 다시 핀다

텃밭에 알몸으로 선
매화 한 그루
가지에 돋아난 여드름 같은 맨살
목마르다고 하늘 쳐다본다

비 내리고 바람 불어와
온몸에 퍼진 버짐
봄을 끌어당긴다

꿈은 동강났지만
향기를 팔지 않는 굳은 의지
두근거리는 가슴 숨겨 놓고

나는 새날을 기다린다

신발을 보았습니다

비탈진 등산길 초입
조그마한 넓적돌 위
다소곳 눈 내리깔고 누군가를 기다리는
신발 한 켤레
가끔씩 맞닥뜨려도
마음 설레게 하는 풍경은 오차가 없다
어설픈 잣대로
재단하기에 이른 것 같아
그저 지나치려 하지만
궁금증은 부쩍 웃자란다

어느 날
산 중턱에서 마주한 등산객
될 수 있다면
발을 머리에 이고 산행하고 싶단다
느지막이 깨달은 것
사랑
주변 환경

이웃과 동물
심지어 원수까지도

환경운동가
채식주의자
그녀의 눈동자는 카랑하게 맑다

궁금한 질문

성선설

성악설

궁금하기만 하다

세끼 밥은 창자를 채운다지만

망령된 생각은 쫓지 못한다

땅속

바닷속

숲속

욕망을 채워 줄 곳간이라고

허투루 보질 않는다

인적이 드문 산골짝

만삭이 된 저수지

마실 나온 바람이 살랑거리니

리듬을 타는 물결

머릿속 자질구레한 잡동사니

꾸물꾸물 기어 나온다

궁금한 질문은

여기서 사라지고 말았다

2부

할매

지팡막대 붙들고
딱 딱
소리 내며
오르는
가풀막 등산길

고픈 배 틀어쥐고
마중 나온 들고양이
이심전심의 야합

오늘도
두레밥상 차려 놓고
천국 가는 돌계단

뒤뚱 뒤뚱
내려온다

성냥간

구비문학이 되어 버린 장터 성냥간
헛기침 기척을 해도 메아리 없다
닷새를 굶은 시우쇠
장돌뱅이 남정네는
이빨 빠진 낫 한 자루
날을 세워야겠기에
뜨겁게 달구던 시오리 장터
눈 부릅뜨고 응시하니
껑충하게 큰 키에 되바라진 사내
아버지 당신
망태기 짊어지고 걸어오신다
선술집 넉살 좋은 주모 얼굴
힐끔거리며

아버지

쌀 한 말이 반쪽이 날 때면
찬물로 배를 채우던
굽은 허리
지게에 올려놓고
아버지 가난은
유월 초여름에 둥지를 떠났다

초록빛 유월이 뻐꾹새로
여물어 가는 숲속
흰 두루마기 휘날리며
아버지, 당신은 어인 일로
구불텅한 논길 질러
바쁜 걸음 하시는지요

머리방에서

귀밑에 돋아난 흰머리

풀 죽지 않고 나풀거린다

거울 앞에 선 낯선 사내

헛기침하며 머리방 문을 연다

신세대 패션으로 지지고 볶은 여자가

짧은 드레스를 끌며

사내의 머리를 손질하자

날이 시퍼렇게 선 가위가

사내의 헝클어진 생각들을 지우고 있다

호열자보다 기운이 센 돌림병으로

손님 뜸한 머리방

서리 낀 머리는 점점 철 지난 이바구가 되고

사내의 호주머니에서 물결무늬가 인다

피할 수 없는 고단한 세월을 등에 지고

소파에 걸터앉아 있던 사내

한바탕 너스레를 부리던 짧은 휴식으로

발걸음 가벼워지자

날이 저물고 있다

그리움

목소리 알아듣지 못할 골동품 전화기

음상音像을 얻기 힘든 케케묵은 녹음기

혹이 흉측스럽게 도배된 고목

어느새 몸과 야합해 살이 된 철심

번복을 외면한 말 엉덩이 불도장

칼리굴라의 심심풀이 바늘 패션

선택할 수 없는 자유

들불이 된 아름다운 고통

육체를 다듬어 가는 언어

둔한 걸음

헐떡이는 숨

무디어진 심장의 펌프질

폐선

이젠 오래전 그림에나 등장하는
어느 어부의 폐선이
가는 세월도 모르고
통, 통, 통, 추억하는 소리도 잊고
세상도 버리고 돌아앉아
언제까지 견디고 있다

내가 누구냐고 물어 보면
알 것도 모른다는 시선으로
바다에서 잡았다 놓친 물고기
오래전 희미한 시간을 붙들고
치매 앓는 위기의 노인처럼
기억을 놓치고 앉아
해변의 난간에 기대어 낡아간다

꽃돌

어둠이 안개 피우는 땅속
꿈은 망각의 늪에 꼭꼭 묻어 두고
대물림하는 까만 두루마기
마냥 걸치고 살다가
호리꾼에 이끌려
검푸른 바다 건넜다

눈 부릅뜨니
대학 암석학 연구실
고향과 생이별한 돌멩이 전시장
간밤에 설핏 꾼 꿈이
인연으로 닿아
어느 집 거실장이 둥지가 되었다

인심 무던한 주인과
눈 마주하기를 스무 해 저쪽
가슴팍에 돋은 하얀 국화

처녀 몸매 닮아 가는데

향기 피우지 못해 오금이 저려 온다

이젠

삼둥이 등에 업고 사색의 여유 즐겨보지만

떠나온 호남성湖南省의 노스탤지어

아물지 않는다

기억 찾기

나라에서 자연인으로 돌아가라고
고삐를 풀어주던 날
삼십여 세월의 잡동사니 꾸러미들
도서관 책시렁에 얹어 두고
헛헛한 가슴 안고 발걸음 옮겼다

지우고 쓰기로 환칠이 된 지난날
손때와 버무려진
농익은 향기가 배어 있는 비망의 노트
그 갈피에 끼워 둔 기억의 조각이
아지랑이 속에 잠긴다

몸속 깊이 터 잡은 만성
뚝 떼어 팔매질하고 싶은데
행동이 엇박자로 놀아
탁상 달력에 오밀조밀 써 가는 손버릇

벌써 강산이 한 번 변하고 더 변해간다

가을비 창문 두드리는 날
책꽂이에 꽂혀 있는 지나간 오늘
거슬러 오르기를 여러 계단
어느덧 기억의 바다에 서 있다

빈 마음

펴도 펴도
펴지지 않는 주름

온도가 100
조선다리미에 잉걸불로
다림질해 펴 본다

다린다
다림질이다
오늘도 다림질이다

염치없이 뱃속에서 꿈틀거리는
엉큼한 욕심을 녹이기 위해
내 맘의 주름 펴기 한다

기억

아름다운 자태를 뽐낸 예루살렘 성전
삐뚤어진 장난에
성벽은 가슴 시린 눈물 흘리고
메마른 땅은 붉은 억새로 얼룩진다
예레미야 애가는 입에서 자라나
지구를 돌아 하늘까지 닿으니
성도의 발길은 꼬리가 보이지 않는다

내 유년의 꿈이 사라지지 않은 고향집
과거의 딱지를 떼어 버릴 수 없는 본성
날카로운 눈매로 안채 사랑채 그려보지만
애꿎은 몽당연필만 탓한다
이제 파헤쳐져 눈에 담을 그림자도 없는 둥지
남부럽지 않은 답안지 작성했지만
기억은 된바람에 밀려간다

연기가 피어오른다

동쪽에서 붉은 빛이 나오면
누구와 약속이라도 했나?
하얀 봉화가 하늘로 솟아오른다

미끈한 허벅지를 가진 몸매는 아니지만
공중에서 리듬을 타는 몸짓은
하느님도 부러워한다
바람이 다가와 꼬리 흔들어도
오로지 눈길이 가는 한 곳
아파트 옥상의 불빛
시나브로 던지는 추파에
영혼마저 이끌려
발걸음 떼어 보지만

건너지 못하는 강이다
물에 뜨지 않는 알갱이가 되려고
오늘도 나는
한 치의 망설임 없이 하늘을 오른다

코끝에 부는 바람

어둠이 진하게 남아 있는 새벽
그 어둠 속에서 여명이 피어올라
아침을 밝힌다

삶의 짐 지고
왔던 길 되밟아 가야 하는 하루
납덩이다

상처 입은 마음의 겨울도
껍질을 벗고
나를 드러낼 용기가 생겼다

국적불명의 바람이 코끝을 애무하니
가지마다 송골송골 돋아나는 생명
코로나, 동장군
맥이 풀린다

2020년의 보릿고개

봄이 피고 있다

피는 꽃들마다
마스크 쓰고
허둥지둥 동구 밖을
떠나고 있다

허기진 햇살이
얼굴 비비다 돌아가고
입 가린 보릿고개를
스케치 한다

인적 드문 골목시장
구석진 한편에 좌판 깔고 앉은
고사리 닮은 할머니
따뜻한 마음씨도 끼워 팔지만
눈길을 주지 않는다

단골손님 **빼꼭하면**

하늘을 나는 장사꾼의 목청

파시가 달갑지 않았는데

어제를 닮지 않은 오늘

세월이 내린 처방이라면

토를 달기가 무엇하다

갈치 잡이

한 번도 해보지 않은
그들의 작업이 화면에 펼쳐지고
치열한 삶의 현장이다
갈치잡이 어부들의 제주 바다
스르륵 바다에 던져지는 낚싯줄
꽁치 미끼 풀리는 소리
출렁이는 바다의 속임수에 걸려든
갈치들의 마지막 춤사위
황홀한 지느러미의 물결
송곳 같은 아가리에
꾸부린 바늘이 제거되면
은빛 갈치는 양날의 칼날처럼
거먕빛 죽음의 밤바다를 베어 낸다

곰소염전

곰소염전을 다녀간 식객이
두고 간 팻말을 보면
소금이 저 잘났다고
고등어나 배추 앞에 나서는 것 봤느냐
우스갯소리가 아니다
아버지의 생계처럼 묵묵하게
제자리를 지키는 남도의 소금은
늘 귓가에 버석거리며
소금꽃을 키우는 염전에서
건져 낸 한 자루 천일염
인생의 쓴맛을 지운 생의 감칠맛은
짜디짠 삶의 보석을 캔다

화음 和音

현악기
타악기와 함께 논다

홀 안을 점령한 소프라노 알토 이중창
비몽사몽이다

빠알간 원피스에 재킷
젊은 시선이 모인다

오솔한 산속
느닷없이 달려온 바람
거침없는 탯거리로
쏴, 쏴,
나무는
찌익, 찌익,
가시 돋쳤지만
불협화음은 아닐 터

와, 와,
담을 넘어온 제트기류
타수의
결정적 한 방

3부

애완돌

뒷짐 지고 가는 시장 골목길에
내가 즐기는 갈치조림집이 있다
물렁하고 달큼한 무를 골라 먹다
매콤한 감칠맛 비릿한 유혹
갈치를 발라먹는 맛에
다들 코를 박고 먹는다

그 집 거실 장식장 위엔
심해에서 건져낸 돌멩이 하나
느긋하게 바구니에 담겨
세상 안락하게 비스듬 누운 자세로
사람들이 쓰다듬는 사랑둥이다
자세히 보면 옥돌도 아닌 것이
돋보이는 파르스름한 바탕색에
알듯 모를 듯 추상의 문신을 그려 넣고
오가는 사람들의 귀염을 받아
바라볼수록 심신이
편안해지는 애완돌이 있다

존재 이유

꼭두새벽
텅 빈 머릿속을 채워줄
간밤에 태어난 이야깃거리
앞다투어
신문사 창문을 을러댄다

순결하고 선량한 당신
인생을 기름지게 사는
타인의 삶도 하찮게 보지 않는 마음자리
신장腎臟 하나를 토 달지 않고 내어준
물질과 담쌓은 비굴하지 않은 용기
샛별로 떠오를 것이다
사랑의 움이 파릇파릇 돋으니
두 마음은
어느새 한곳을 바라본다

만물의 존재 이유
여기에도 피고 있다

달라진 세상

허리 굽은 할머니
동네 약국으로 마스크 사러 간다
목소리 젊은 시절에는
따라갈 수 없는 발걸음
지금은 지팡이가 효자 되었다
앞지르는 유행병
마스크가 대접받는 세상
차례 기다리기에 허기져
허리 펴는 할머니
큰 기침 한 번에 풀려나는 마스크
한껏 멋을 부렸지만
사람 눈길은 여전히 싸늘하다

불변의 법칙

전쟁터 우두머리
선봉에 서서 목숨을 초개같이 버리니
긴 세월 흘러도
죽어도 산 사람이다

악행은
눈과 귀를 틀어막아도
천리를 달아나
귓속말로 쑥덕거린다

효녀 효자
억지춘향이 아닌
오직 당신의 마음
입에서 입으로 되새김한다

서리와 눈은 안중에도 없으며
잡티 섞이지 않은 향기 품고
가쁜 숨 몰아쉬며

맨 먼저 달음질해 온 매화
선비정신 이름표 달았다

유년의 빛바랜 소꿉놀이
눈썹이 희어지니
머릿속에
새로이 터를 잡는다

창밖의 풍경

새싹의 목마름이
높은 곳에서
톡, 톡,
선잠을 깨운다

끝없이 늘어서서
매달리는 빗방울
그네를 뛴다
대책 없이 알몸 던진다

살고 싶은 야멸찬 정신
따가운 햇살에
입술 내밀면
시들었던 나의 모습도
살아난다

다반사

무겁게 들고 다닌 가방 탓인지
읽고 쓰고 계산하던 서류 탓인지
어느 세월에
두 눈은 침침하고
허리는 통증을 몰고 오고
면역성 약해진 몸도 마음도
잔병치레가 잦아졌다

요즘 돌고 도는 유행가처럼
벽시계는 고장이 나도
그냥 세월 가는 줄 모르고
멈추면 그만인 일인데
여기저기 고장이 생기니
사는 일 고달프게도
병원 출입이 다반사다

불멸

한 번 숨 멈추면 그만이라며
자손 통해 대 이어가려는 욕구
예나 지금이나 오차가 없다

물기 없는 얼굴로 삭발 투혼하는 나무
단단한 마음자리 하늘도 감동
어느 날
첩첩산중 패션쇼 연다고
듭새*옷 걸쳐 입는다

교회 네온사인
어둠이 도시를 점령하면
온몸에 선혈이 돈다
그것도 잠시
아침 햇살이 밤을 밀쳐내니
언제나 그랬듯이
또 동맥 경화증 살아난다

・듭새: 버섯(심마니들의 은어)

파도 때리기

어떤 날은 원수를 사랑하라는
거룩한 믿음의 성자처럼
묵묵하게 해변을 부드럽게 쓸고 가다
모래알 보슬보슬 부수어 놓는
바닷길 해변을 따라
생명력이 차고 넘치는
파도는 세상이 얼마나 미운지
날마다 내달려 와서
사정없이 왼**뺨** 오른**뺨**
귀밑을 때리고 가는 갯바위
뭐가 그리 분하고 억울한지
하얀 소금꽃 거품을 물어가며
오라지게 **뺨**을 때린다

몸짓으로 산다

어깨 기댈 곳 없어
침묵으로 일관된 버릇은 고쳐지지 않는다
바로 서지 못하는 몸가짐
축 처진 어깨
찬물 끼얹어 주면
보디빌더가 시샘하는 근육질 몸매 된다
외톨이로 살아온 까마득한 시간들
새벽 창가를 기웃대니
실눈 뜨고 인사한다
결이 고운 마음자리 있어
한식구가 된
군자란, 홀리아페페로미아, 정지송, 호야, 청페페
따뜻한 사랑방 식구 같은 존재
어설픈 몸짓은
살아온 나의 버릇이 되었다

직선

비좁은 지하철 출근길

이 길 가야 한다고

안길 듯 서로가 부딪쳐도

모르는 얼굴들

땀내 젖으며

어깨 맞대는 일상이

십 년 이십 년 혹은 삼십 년

나의 한평생이

뻗어 있다

마음이 닮았다

비탈에 선 나무의 심정
좋은 날보다
가슴 울렁이는 날이 무게를 더한다
반반한 곳에 터 잡았다면
금수저일 것인데
긴 밤 곧추앉고 손가락 꼽아도
이미 쓸려간 시간들이다
화풀이하는 천둥번개
영혼까지 마구잡이 흔드는 바람
나를 단단하게 만드는 매질이라 여기고
애써 뿌리내리니
잔가지 물올라 잎사귀 윤기 흐른다
우연찮게 만나 마음 섞으니
엇비슷한 고부랑길 걸어온 나그네
뿌리 달라도
따뜻한 손길로
30촉 전등 함께 밝힌다

차별

시민공원
마실 온 애완견

가슴에 안긴 것

유모차 탄 것

종종걸음 하는 것

구세군 종소리 들으며

연산동 대합실에서
구세군 종소리 듣는다
찬란했고 어두웠던 한 해가
저문다고, 안녕

안녕, 종소리 사방으로 퍼져 나간다
종소리 퍼져 나갈 때
종소리는 누구에게나 하나이다가
둘이 되면서 사방으로 여럿이 된다

그러나 저물면서 쓸쓸하기는 마찬가지
종소리에는 따뜻한 그늘이 있다
따뜻한 향기를 찾는 사람들 속에서
세계가 저무는 종소리가 있고

온정의 손길은 추운 가지 사이로
얼굴 내미는 것
온정은 멀어진 마음 다독이는 눈물

사람들 설핏 그냥 지나가지만 내가
나를 돌아보게 한다

가도 가도 끝자락에는 내가 저물고
따뜻한 외투보다 차가운 마음 녹여 주는 종소리에서
사랑은 그치지 않는다

바다 발전소

바람이 많은 바다에 나가면
하얀 프로펠러 날개가
윙, 윙, 윙, 발전기를 돌린다
자연발생 에너지를 저장하는 바람
인간의 삶에 유익한 존재일까

갈매기는 그곳에 와서
자유롭게 날아다닐까
언제부턴가 자연을 파괴하는
새로운 소음의 바다 발전소

이국적인 아름다운 풍경
사람들에게 볼거리를 주고
이로운 전력을 생산하지만
날마다 바다를 경작하며
해변에 사는 사람들이 그로 인하여
안녕하신지 묻고 싶다

손톱 위 예술

하얗게 길어 나오는 손톱을 깎다보면
너무 손톱이 없어도 불편하고
길어도 불편하고 위생상 그렇다
어떤 날은 귀찮아져서 궁시렁대다가도
그래도 손톱이 안 나오면
죽은 목숨일 테니 싶어
적당한 길이를 두고 깎다 보면
하얀 초승달이 떠오르는
모습의 생명력이 신기하다

집안일 하기 불편할 텐데
여성들이 즐기는 네일 아트
반짝이는 보석들이 장식되는
잘 다듬어진 또 하나의 예술
할퀼 것 같은 본능을 미화한
그 앙칼진 손톱들이
네일 작가의 창작 도화지다

모내기

모내기철, 옛 고향을 찾아가면
누렁소 등에 멍에를 지우고
무논을 갈아 눕히던 농부들
산들이 쩌렁쩌렁 울렸다

모낼 사람도 손도 없고
세월은 얼마나 좋은지
물 댄 논에 써레질로 골라 놓고
이앙기 똑똑한 꽁무니
네모난 초록 모판에서
콕콕 꽂혀 나오는
재미난 모내기 작업을
신기하게 바라보노라면
이랴, 이랴, 소리치며 채찍질하시던
가난한 아버지의 내 고향
옛 시절을 추억하는 들에서

산 위의 철탑

후텁지근한 사각의 공간
한 뼘 창문 여니
부동의 자세가 익숙한 철탑
일몰도 긴장한다

닳고 낡아버린 기분은 다 훑어내고
자연과 구색 맞추려 하지만
애당초 지어 준 단벌옷으로
평생을 버텨야 한다

평상심 아무에게 투영할 수 없는 안타까움
하늘 향해
뾰족한 날 세운다

두 뼘 창문 여니
산을 뻗디디고 선 철탑
여전히
외곬의 자세다

4부

사람 속은 알 수 없구나

철이 되었구나
거리마다 선거 냄새
된장국처럼 펄펄 끓는다
입에서 입으로 가는 공약
가슴 한편에서 비틀거린다
불꽃 튀는 눈빛으로
거리마다 뛰어보지만
나는 멀뚱멀뚱
먼 산만 바라본다
고단한 발품
문명의 이기로 속내 전해도
빗장이 걸린 말문
낯가림 안하는 문자메시지
손끝으로 휘익, 날려도
얼음장 같은 마음

한 치 오차 없는 자로도
잴 수 없다

안동 하회마을

투명 물고기 닮아 진실만 보여준 세월

강물도 역성든다며
시퍼런 서설 감추고 돌아 돌기를 그치지 아니하고
삼신당 느티나무 부릅뜬 눈으로
사랑방 이야기 토씨 하나 빠뜨리지 않고 이파리에 낙서하니
지구촌 배낭객 발소리 지축을 흔들어
해설사 쉰 목소리는 백약이 무효라네
강바람 노여움에 기왓장 깨춤 출까
강강술래 놀이하는 초가집
600살이 넘도록 고이고이 지켜온 몸가짐에
세계유산위원회의 입이 귀에 걸린 지 꽤 오래

이제 놓아서는 안 될 탯줄 되었다

콩나물 음표

빛을 차단한 콩나물시루에
졸졸졸 물 내려가는 소리

검은 보자기에 눈을 가리고
오로지 빛을 향해 목이 길어지는
성장의 시간에 몰입하며

하얀 발 뿌리에서부터
똑바로 서야 하는
좁아터진 경쟁의 틈 사이에서

노오란 머리의 동요 같은 음표들이
어두운 밀실에 갇혀
암흑의 역사를 쓰고 있다

하회 세계탈박물관

메스를 든 의사도 긴장하는 상판대기
볼연지 살짝 바르고 침묵으로 빗장 건 가면들
고향은 세월의 물결 따라 아른거리는
마음속 아지랑이
여기가 안태본이라고 엄지 치켜세우니
쏠리는 시선에 문턱이 닳는다

외로움에 몸서리 나 뗏장 덮은 무덤 속 영혼도
내 민낯 보여 달라고 응석부리지만
팔자걸음에 거드름 피우는 조선의 양반님네
겉과 속의 색깔이 영 딴판

무슨 꿍꿍이셈 꾸미는지 짐작이 가지 않아
가면 벗을 날 꼽지 못한다

강제 집행

너랑

나랑

180도 엇박자다

마음이 통했다

따뜻한 봄날

꽃송이 품고 있는 군자란

이십 촉짜리 전등 같다

똑똑

봄을 두드리는 소리

스멀스멀 온몸을 간질이는데

전등에는 불 오지 않는다

물 거름 정성 쏟아 부었더니

드디어 게슴츠레 눈 뜨는 봄날

나의 봄도

함께 피고 있었다

인생을 돌아보다

나는 한때 결이 고운 청년이었다
우듬지 하늘에 닿기를 꿈꾸었다

높은 곳만 바라본 편향된 사고
뒤를 되돌아보게 한다

바람이 전봇대 삼키던 날
흙 붙들고 있는 뿌리를 보았다
나뭇등걸 휘어잡고 발버둥쳐도
지난 시간만 아쉽다

과거는 흘러간 강물
내 몸속 온기 사그라지고
영혼의 푸념거리 다할 때까지
이제
늦둥이 꽃을 피울 것이다

풍경

딱!

와아,

야구장

떨어지는 불덩어리

이름 하나 떴다

하루의 몽상

나무 이파리에 달린 햇살
미끄럼 탄다
숲속 메아리치는 뻐꾸기 소리
산등성마다 애절하다

염색한 누이 머리처럼
누렇게 변한
늪에 빠진 듯 허우적이는데

어디서 까마귀 울음소리
나의 하루는
늪에 빠진 듯
다시, 깜깜해진다

성지곡 고양이 급식소

어느 날
고양이에게 먹이 주지 말라는
방이 나붙었다
거슴츠레한 눈으로 바라보는
새끼 고양이
체면치레하지 못한다

또 어느 날
솜씨 부린 생경스러운 간판
고양이 급식소
교감 신경 자극할 단방약이라고
이웃까지 소리해
굿판 벌이는 어미 고양이
수원지 물결도 장단 맞춘다

혹시나 게으름이 날개를 달아
본능이 가장자리로 밀려나면
또
어떤 방이 붙을까

낙서 문화

사직야구장

몽당 방망이 거머쥔 꼬마 조형물

발등까지 수놓은 사인과 글귀

파리의 거리 낙서가

예술로 전염된

청춘들의 속내

최동원

남긴 발자국
전설이 되었다
80번 완투
1984 27승
한국시리즈 4승
223 탈삼진
불세출 영웅이다
박수
함성
귀 닫아 버리고
오늘도
무쇠팔은
포크 볼 던진다

대나무

붓으로 치는 화선지에
시간의 마디마디가 생겨야
단단하게 일어서는
대나무가 쭉쭉 뻗어간다

진하게 연하게 먹물의 농담이
댓잎에 서걱거리고
휘어질지언정 꺾이지 않는
군자의 기개, 마디의 절을 넣는다

곧고 곧아 바로 선 혼을 다스려
푸르고 푸른 심신을 세우는
대나무의 청빈한 가르침
엄숙한 마음의 화폭을 대한다

양심의 추

이 세상 만물은 귀하게 태어난다
생성과 소멸 속
인간의 원초적 욕망은 싹이 튼다

하루가 다르게
새 옷 쏙 빼입고 선뵈는 생활용품
벌써 거추장스러워 손에서 떨쳐내니
시골 타작마당도 잡동사니로 몸앓이 하고
부자연스러운 호칭은 틈새 노린다

오물
인간말짜
인간쓰레기
잔재
찌꺼기
폐기물
폐품
노폐물

무뢰한
걸레

다시 쓰일 수 있는 것
다시 쓰일 수 없는 것

눈대중으로 짐작 가지만
양심의 추는
균형 잡기를 버거워한다

해설

기억의 바다,
변하는 것과 변하지 않는 것

문 선 영 (문학평론가 · 시인 · 동아대 교수)

1.

"이 세상 모든 존재,/ 시간의 흐름 속에서 변해가지만/ 그래도 변하지 않는 것은 문학에 대한/ 한결같은 열정"
― 「시인의 말」

'어느덧 기억의 바다', 시인의 세 번째 시집의 제목이다. 제목은 글의 이정표 역할을 한다 했던가. '어느덧', '기억', '바다'. 세 번째 시집에는 그러니까 온통 시인이 생각하는 존재의 정체성을 이루는 시간과 공간이 수렴되어 있는 듯하다. "변해가지만/ 변하지 않는 것"을 희원하면서.

기억은 간직한 것을 다시 소환한다는 뜻이므로 그

배경은 철저하게 과거가 된다. 그러면서 현재이다. 지나간 과거 일을 소환하는 시점은 현재이므로. 그리고 간직한 것을 소환한다는 것은 과거 나와 너와 우리의 삶을 끄집어내는 일. 그래서 기억의 오브제는 바로 나의 삶, 우리의 삶 그 자체가 된다. 나는 그리고 우리는 이렇게 기억 속에 나름의 의미를 안고 우뚝 서 있는 것이다.

이러한 기억의 회로를 시인은 바다에 둔다. 바다는 두루 알려진 대로 에너지의 흐름이 일어나는 장소. 바닷물이 수증기로 증발되어 구름이 되고, 그 구름은 비가 되어 다시 바다에 안기는, 빨아들이고 내치는 에너지의 흐름이 일어나는 곳. 시인은 이러한 순환론적인 바다에 기억의 회로를 장착해서 우리에게 선사한다. 어느덧, 어느새, 어느 사이인지도 모르는 동안에, 이렁저렁, 기억과 아버지와 존재의 정체성과 인생의 의미들을 헤아리면서.

2.

시인은 세 권의 시집을 묶으면서 눈에 띄게 일관된 여정을 보인다. 모두 시간이라는 공통분모를 지니고 시 속을 유영하는 것이 그것이다. '음각과 양각의 시간', '어제 오늘', 첫 번째 시집과 두 번째 시집의 제목이다. 이번 시집의 제목은 '어느덧 기억의 바다.' 그만큼 시인에게 '시간'은 중요한 삶의 화두인 셈이다.

  세 번째 시집인 『어느덧 기억의 바다』 역시 시간에 오롯이 바쳐져 있다. 시간을 바탕 삼아 기억을 시작으로 이제껏의 삶을 길어 올리고, 아버지를 중심축으로 해서 과거의 추억들을 길어 올리고, 존재들이 지닌 정체성에 유념하면서 나아가 인생이 지닌 의미망들을 길어 올린다. 그러다 보면 어느덧, 기억의 바다를 영접하게 되는.

  먼저, 시인은 기억에 방점을 둔다. '기억'은 두 번째 시집에서도 주목한 것이다. 이번 세 번째 시집에서도 그 관심은 이어진다. 이렇듯 시인은 기억의 회로를 지속적으로 운용하고 있는 듯하다. 시간을 배경으로 기억을 키워드로 삼아 지나간 삶을 헤아리는 작품들을 보자.

> 나라에서 자연인으로 돌아가라고
> 고삐를 풀어주던 날
> 삼십여 세월의 잡동사니 꾸러미들
> 도서관 책시렁에 얹어 두고

헛헛한 가슴 안고 발걸음 옮겼다

지우고 쓰기로 환칠이 된 지난날
손때와 버무려진
농익은 향기가 배어 있는 비망의 노트
그 갈피에 끼워 둔 기억의 조각이
아지랑이 속에 잠긴다

몸속 깊이 터 잡은 만성
뚝 떼어 팔매질하고 싶은데
행동이 엇박자로 놀아
탁상 달력에 오밀조밀 써 가는 손버릇

벌써 강산이 한 번 변하고 더 변해간다

가을비 창문 두드리는 날
책꽂이에 꽂혀 있는 지나간 오늘
거슬러 오르기를 여러 계단
어느덧 기억의 바다에 서 있다

― 「기억 찾기」 전문

 제목이 '기억 찾기'이다. 기억이라는 단어의 의미를 염두에 두면 기억해야 할 대상은 과거의 '무엇'이고 그 기억을 찾는 시점은 현재이다. 위 작품에서 시적 화자가 소환하고 있는 것은 우선 "삼십여 세월"을 정리하던 순간이다. "삼십여 세월" 동안 몸담은 직장을 그만두고 나오는 길, 그 노고의 결과물인 "잡동사니 꾸러미들/ 도서관 책시렁에 얹어 두고/헛헛한 가슴 안고 발걸음 옮"기던 순간이다.

  그러나 시인이 기억의 회로로 소환하는 대상은 퇴직하던 그 '순간'이 아니라 "삼십여 세월" '전체'이다. 평소 메모하기 즐겨하는 시인의 습관을 고려하면, "지우고 쓰기로 환칠이 된 지난날/ 손때와 버무려진/ 농익은 향기가 배어 있는 비망의 노트"는 기억하는 지난날의 소중한 기록들에 다름 아니다. 하여, 되돌아보니, "비망의 노트/ 그 갈피에 끼워둔 기억의 조각이/ 아지랑이 속에 잠"기는 것이겠다. 퇴임한 지 "벌써 강산이 한 번 변하고 더 변해"도 과거에 너무나 의미가 컸던 "삼십여 세월"은 그러므로 그저 단순한 과거 회상거리가 아니다. 그래서 시인은 "책꽂이에 꽂혀 있는 지나간 오늘"이라 칭한다. "지나간 오늘", 지난 과거 소중한 기억들이 그저 과거로 동떨어져 단절되는 것이 아니라 현재에도 계속 이어지는. "지나간 오늘"은 과거가 현재까지 내내 지속되는, 바로 '영원한 현재'의 다른 말. 그래서 시인은 "거슬러 오르기를 여러 계단/ 어느덧 기억의 바다에 서 있"을 수 있는 것이리라. 스페인의 미학자 그라시안이 한 말이 연상되는 순간이다.

"기록은 기억을 남긴다."고 했던가.

  이러한 "기억의 바다"를 넘실대는 밀물과 썰물에는 이어지지 못한 파편화된 이야기도 있다. "다람쥐와 청설모/ 하루해를 붙들고/ 담아 둔 곳간/ 망각의 늪에 묻혀 있는 도토리", 하여 "산을 넘지 못"하는 "기억의 조각"(「가을의 문턱」)도 남긴다. 그래서 "기억은 된바람에 밀려"(「기억」)가기도 하면서, "기억을 놓치는 순간"(「폐선」)에 더러 봉착하기도 하는 것이다.

> 이젠 오래전 그림에나 등장하는
> 어느 어부의 폐선이
> 가는 세월도 모르고
> 통, 통, 통, 추억하는 소리도 잊고
> 세상도 버리고 돌아앉아
> 언제까지 견디고 있다
>
> 내가 누구냐고 물어 보면
> 알 것도 모른다는 시선으로
> 바다에서 잡았다 놓친 물고기
> 오래전 희미한 시간을 붙들고
> 치매 앓는 위기의 노인처럼
> 기억을 놓치고 앉아
> 해변의 난간에 기대어 낡아간다
>
>   -「폐선」전문

"이젠 오래전 그림에나 등장하는/ 어느 어부의 폐선이" 있다. 그 못쓰게 된 배 폐선은 "가는 세월도 모르고/ 통, 통, 통, 추억하는 소리도 잊고/ 세상도 버리고 돌아앉아" 있다. 여기까지가 일반적으로 '폐선' 하면 연상되는 이미지다. 그런데 시인은 여기서 사유를 멈추지 않고 곧바로 "언제까지 견디고 있다"라고 덧붙인다. 쓸모없어진 것이면 버려 잊으면 되는데, 시인은 "세상도 버리고 돌아앉아" 있는 폐선을 "언제까지고 견디고 있다"고 보는 것이다.

 무엇을 견딘다는 것일까. 견딘다는 서술어는 갈등 구조를 체화하는 행위다. 마음에 들지 않는 대상이나 세상과 어떻게든 타협하거나 화해하려는 몸부림 가운데 하나가 견딘다는 행위이다. 견딘다는 것은 버리거나 벗어버리는 것이 아니라 결국 세상 '속'에 어떤 식으로든 존재하려는 의지. 그러므로 시적 화자는 '폐선', 그것이 쓸모없어서 버린 후 망각하는 것이 아니라, 그 쓸모없음의 이전 존재를 기억하면서 그 존재의 의미를 현재까지 끌어올리려는 것이다. 그 남루한 폐선의 모습을 있는 그대로 받아들이는 것은 영롱하고도 환한 모습을 간직했던 과거 폐선의 정체성까지 놓치지 않으려는 것이다. 그래서 지금 쓸모없어진 폐선을 버리지 않고 견디는 것이다. 파란만장한 시간의 흐름을 받아들이면서 그 존재 의미를 기억하는 것이다.

이때 "견디고 있"는 모습을 "치매를 앓는 위기의 노인"으로 비유한 대목은 위 작품을 빛나게 한다. 강건하고도 꿋꿋한 모습으로 호기롭게 견디는 것이 아니라 "치매 앓는 위기의 노인처럼/ 기억을 놓치고 앉아/ 해변의 난간에 기대어 낡아간다"고 표현한다. 위선적이지 않아서 좋다. "내가 누구냐고 물어 보면/ 알 것도 모른다는 시선으로/ 바다에서 잡았다 놓친 물고기/ 오래전 희미한 시간을 붙들고" 견디는 모습이 오히려 진솔해서 좋다. 역설적으로 다가오는 견디는 힘이 가볍지 않아서 좋다.

이러한 기억의 회로는 아버지의 서사로 향한다. 시인에게 아버지는 곧장 고향이나 추억의 메타포.

> 구비문학이 되어 버린 장터 성냥간
> 헛기침 기척을 해도 메아리 없다
> 닷새를 굶은 시우쇠
> 장돌뱅이 남정네는
> 이빨 빠진 낫 한 자루
> 날을 세워야겠기에
> 뜨겁게 달구던 시오리 장터

눈 부릅뜨고 응시하니
껑충하게 큰 키에 되바라진 사내
아버지 당신
망태기 짊어지고 걸어오신다
선술집 넉살 좋은 주모 얼굴
힐끔거리며

– 「성냥간」 전문

성냥간은 대장간의 방언이다. 시인은 기억의 회로에 접속해서 과거 시공간으로 접어든다. 말문을 여는 앞 두 시행, "구비문학이 되어 버린 장터 성냥간/ 헛기침 기척을 해도 메아리 없다."는 일종의 프롤로그에 해당한다. "구비문학이 되어 버린 장터 성냥간" 그 자체만으로도 추억의 보따리는 기대 가득해진다. 구비문학은 집단생활을 전제로 입에서 입으로 전해지는 다채롭고도 정겨운 이야기가 그 핵심. "헛기침 기척을 해도 메아리 없"는 공간은 "구비문학" 하면 연상되는 아득함과 그리움을 불러일으킨다. 그야말로 추억 가득한 이야기보따리.

인용시 「성냥간」에는 두 명의 인물이 등장한다. "장돌뱅이 남정네"와 "아버지"가 그들이다. "장돌뱅이 남정네"는 "이빨 빠진 낫 한 자루/ 날을 세"우러 "시오리 장터"에 왔는데, 그때 그가 "눈 부릅뜨고 응시하"는 인물, 바로 "아버지 당신"이다. "장돌뱅이 남정네"는 관찰자. 그가 관찰하는 대상은 "아버지 당신." 이때 "아버지 당신"은 "껑충하게 큰 키에 되바라진" 모습을 하고 있다. 한눈에 딱 보아도 사뭇 남을 압박하는 인상이다. 그러나 곧이어 전개되는 반전으로 상황은 흥미로워진다. "망태기 짊어지고 걸어오"시는 아버지는 외모가 주는 인상대로 의연하게 오시되, "선술집 넉살좋은 주모 얼굴/ 힐끔거리며" 오시는 것이 그것이다. 미소가 절로 머금어지는 풍경이다. 추억 속 풍경이 정겹다. 마지막 행을 도치법으로 처리한 것은 작품이 끝나도 그 이야기는 계속 이어질 것이라는 전망을 남긴다. "구비문학이 되어 버린 장터 성냥간"에 대한 아련한 노스탤지어를 함께 남기면서.

  그러나 기억 속 아버지를 품은 그 추억의 심상에는 고단함도 묻어 있다. "슬프도다!/ 부모는 나를 낳았기 때문에 평생 고생만 했다."『시경』의 말도 슬몃 연상되는.

> 쌀 한 말이 반쪽이 날 때면
> 찬물로 배를 채우던
> 굽은 허리
> 지게에 올려놓고
> 아버지 가난은

유월 초여름에 둥지를 떠났다

초록빛 유월이 뻐꾹새로
여물어 가는 숲속
흰 두루마기 휘날리며
아버지, 당신은 어인 일로
구불텅한 논길 질러
바쁜 걸음 하시는지요

- 「아버지」 전문

 아버지라는 위치는 과거, 특히 가부장제 사회에서는 무거운 자리였다. 가족이 지닌 삶의 무게를 아버지가 고스란히 짊어져야 했기 때문이다. 그 가운데 생계의 문제는 근원적이면서도 가장 중요한 것. 위 인용한 시 「아버지」는 2연으로 그리 길지 않은 작품이지만, 가족의 삶의 무게를 한평생 기꺼이 짊어진 아버지의 삶을 파노라마로 보여 준다.

 "쌀 한 말이 반쪽이 날 때면/ 찬물로 배를 채우던/ 굽은 허리/ 지게에 올려놓고/ 아버지"는 동분서주하신다. 급기야 "가난"을 어떻게든 벗어나 보려 "유월 초여름에 둥지를 떠"나신다. 이때 2연의 시적 화자의 목소리가 궁금해진다. "아버지, 당신은 어인 일로/ 구불텅한 논길 질러/ 바쁜 걸음 하시는지요", 이는 대화로도 들리고 독백으로도 읽힌다. 가족들의 생계를 위해

여념이 없으시던 아버지를 붙잡으려 한다면, 그 당시 시적 화자가 유년시절이었던, 아버지와 마주하던 현장에서 가능했을 대화로 들리고, 먼발치에서 이미 눈앞에서 점점 멀어져 가는 아버지를 향해 외친다면, 그것은 아버지와 물리적 거리를 둔 상태에서 던지는 독백으로 읽힌다. 독백으로 읽히는 순간은 과거를 소환하는 현재, 시적 화자가 성인이 된 지금이어도 가능하겠다. "흰 두루마기 휘날리며" "바쁜 걸음 하시는" 아버지를 기억하는 시적 화자의 마음자리가 묵직하다.

시인의 시선은 아버지가 지닌 고단함을 기억 여기저기를 들추며 초점을 맞춘다. 아버지가 그리워 "모내기 철, 옛 고향을 찾아가면" "이랴, 이랴, 소리치며 채찍질하시던/ 가난한 아버지의 내 고향"이 오버랩 된다. "옛 시절을 추억하는 들에서"(「모내기」) 시적 화자는 아버지를 그윽하게 소환한다.

한편, 소금과 아버지를 동일시하는 장면도 인상 깊다. "곰소염전"을 방문하면서 소금을 보며 아버지를 연상하는 기억이 그것이다. 소금은 말 그대로 음식에 짠맛을 더해 풍미를 더하는 양념이다. 그러니까 소금은 아무리 귀하게 여겨지더라도 주연이 아니라 조연이다. 결코 주연이 될 깜냥이 못되어서가 아니라 언제나 배경으로 앉아 묵묵히 힘이 되어 주는 그런 존재이다. 이러한 소금을 보며 시인은 아버지를 떠올린다. "묵묵하게/ 제자리를 지키는 남도의 소금"을 보며 가족들을 위해 "묵묵하게/ 제자리를 지키는" "아버지의 생계"를 회고하는 것이다. "늘 귓가에 버석거리며/ 소금꽃을 키우는 염전에서/ 건져낸 한 자루 천일염"을 보며, 그것이 뱉어내는 "인생의 쓴맛을 지운 생의 감칠맛"을 끌어올리는 것이다. "짜디짠 삶의 보석을" 캐내듯이, 가족들의 생계를 짊어진 아버지 덕분에 우리네 삶 자체가 마침내는 "인생의 쓴맛을 지운 생의 감칠맛"(「곰소염전」)을 맛볼 수 있는 것이겠다.

독일의 소설가 장 파울이 말했듯이 "어머니는 우리의 마음속에 얼을 주고, 아버지는 빛을 준다." 「곰소염전」에서 이 말은 매우 적확하게 적용된다. 소금꽃 활짝 피우는 아버지. 그러나 "인생의 쓴맛을 지"우고 "생의 감칠맛"을 내기 위해서는 그 얼마나 많은 고단함을 견디셨을까. 위 인용시를 보노라면 결은 좀 다르지만 아버지의 고단함을 환기하는 시 한 편이 떠오른다. "바람이 세게 불던 밤 나는/ 문 밖에서/ 아버지가 흐느끼는 소리를 들었다// 나가보니/ 마루 끝에 쪼그려 앉은/ 빈 소주병이었다"(공광규, 「소주병」).

시간은 기억과 아버지를 거쳐서 다음으로 자연물이나 사물, 그 존재의 정체성을 헤아리는 데 바쳐진다. 시간을 흐른다, 라고 표현할 때 그 흐름은 자연물이나 사물이 품은 존재의 의미망을 형성하는 데 기여한다. '흐른다'라는 의미는 무엇이고 또 '어떻게' 흐르는가에 따라 존재의 의미망이 구축되기 때문이다. 이때 시인이 시간을 염두에 둔다면 존재가 지닌 정체성 문제를 지나칠 수는 없겠다.

> 닦아 놓은 길을 따라
> 졸졸,
> 케케묵은 귓속 가려움증 사라진다
>
> 입술 꼭 다문 채
> 졸졸,
> 태고의 여운만 남긴다
>
> 언제나 낮은 곳을 고집하며
> 졸졸,
> 내가 사랑하는 사람을 닮았다
>
> 한 치 빈틈도 없이
> 졸졸,
> 큰물이 남기고 간 부드러운 말씀
>
> ―「계곡물」전문

위 시는 물의 속성으로 삶을 헤아리는 작품이다. 소설가 이태준은 수필 「물」에서 물을 성스러운 것으로 예찬하였다. 그에 의하면, 물은 남의 더러움을 씻어주는 어진 덕을 갖고 있으므로 아름다운 것이다. 물은 생명이 그 안에서 살고 땅이 윤택해지므로 성스러운 것이다. 그래서 노자는 일찍이 상선약수上善若水라고 하였던가.

  시인도 이러한 물의 속성을 염두에 두고 그 존재성으로 삶을 헤아린다. 시간성에 놓인 삶을 헤아린다. "닦아 놓은 길을 따라/ 졸졸," 흐르는 물에 우선 눈길을 준다. "닦아 놓은 길"은 물길일 게다. 너무나 당연한 말이지만 물이 흐르거나 물을 보내는 통로인 물길로 물은 흐른다. "닦아 놓은 길", 곧 물길은 이른바 순리의 메타포이므로, 우리가 순리에 따라 산다면 "케케묵은 귓속 가려움증" 따위는 "사라"지는 것이겠다. 군말이 필요 없겠다. 하여 "입술 꼭 다문 채/ 졸졸,/ 태고의 여운만 남"기는 것이겠다. 물은 결코 거슬러 흐르는 법이 없으므로 "언제나 낮은 곳을 고집하며/ 졸졸," 흐르는 것이겠다. 이러한 물에서 시인은 "내가 사랑하는 사람"의 모습을 떠올린다. 물과 사랑을 동일시하는 마음자리. 그리하여 "한 치 빈틈도 없이/ 졸졸," 흐르는 물을 보며, 그 물, 그 "큰물이 남기고 간 부드러운 말씀"을 마음에 각인시키는 것이겠다. 계곡을 흐르는 물을 보며 시인이 남긴 단상은 "졸졸"이라는 의성어 속에 시간과 공간의 의미망을 모두 함축한 것에 다름 아니겠다.

이러한 물에 주목한 작품으로 「연어」도 있다. "거대한 파도에 몸을 맡기며/ 파란만장/ 목숨 붙들고 살아야 하는/ 살아서 어머니 강으로/ 돌아가야 하는 몸뚱이"를 가진 연어도 있다. 여기 "어머니 강"에서 우리는 물의 또 다른 속성을 만난다. 물은 생명의 기원이므로 회복 또는 치유의 속성을 지니는 것이 그것이다. "떠난 자리 꼭 돌아와야 한다는/ 약속이 있"음을 잊지 않고서 연어는 떠나온 어머니의 강으로 되돌아가는 것이다. 떠나고 다시 돌아오는 시간의 회귀성에 주목한 작품.

아, 물이 지닌 생명으로서의 속성은 콩나물을 자라게 하는 물소리에서도 확인된다("빛을 차단한 콩나물 시루에/ 졸졸졸 물 내려가는 소리// 검은 보자기에 눈을 가리고/ 오로지 빛을 향해 목이 길어지는/ 성장의 시간에 몰입하며", 「콩나물 음표」).

물 이외 다른 자연물의 정체성에 대해서도 시인은 눈길을 준다. 자연물 가운데 식물, 먼저 백일홍이다. "장대 같이 꽂히는 빗발들/ 온몸으로 받아내며/ 오래

꽃임을 증언하듯이/ 온 백일을 견디고"(「백일홍 그 여름」) 서 있는 백일홍의 존재 의미를 헤아린다. '백일홍'이라는 이름이 주는 무게감을 다하기 위해 백일을 붉게 밝히는.

다음으로 치자꽃이다. "초여름 유월의 정원에/ 달콤하고 진한 향기"를 내뿜는 치자꽃에 시인은 마음을 빼앗긴다. 치자꽃의 꽃말이 청결, 순결, 행복. 그래서 시인은 치자꽃을 "하얀 바람개비 같"(「치자꽃」)다고 비유한 것인지도.

다음으로 담쟁이. "어디든 마음 붙여야 하"는 속성을 지닌 담쟁이에 시인은 연민의 마음을 담는다. "어디든 마음 붙여야 하기에// 배부른 돌담과 어우러져 산 지 오래"인 담쟁이가 "어쩌다 도시의 높은 건물을 휘감는다." "땅 위 제일 높은 곳까지// 두 팔 뻗어// 귀여운 조개구름 얼굴에// 푸른 꿈 덧칠하고 싶은데" 그러나 "딛고 올라갈 사다리 없어// 꿈은 쭉정이로 영글어"(「담쟁이가 설 자리」) 가는 담쟁이. 이러한 담쟁이에 시인은 연민과 동시에 기원을 함께 담아 마음을 쏟는 것이다.

다음으로 매화. 매화는 두루 알려진 대로 "향기를 팔지 않는 굳은 의지"의 메타포이다. "비 내리고 바람 불어와/ 온몸에 퍼진 버짐"이 그 치유와 회복을 위해 따스하고도 온화한 "봄을 끌어당긴다." "온몸에 퍼진 버짐"을 낫게 해 줄 따뜻함과 온화함의 순간은 그러나 쉬 오지 않는다. 이때 매화는 "꿈은 동강났지만/ 향기를 팔지 않는 굳은 의지" 그리고 "두근거리는 가슴"을 "숨겨 놓고" 꽃을 피워 올리는 것이다. 아직 봄이 찾아오진 않았지만 봄을 고대하는 간절함 덕분에 매화가 꽃을 피워 올린 것처럼, "나"도 간절히 "새날을 기다"(「매화는 다시 핀다」)리는 것이다. 이때 제목에서 '다시'라는 부사가 눈에 띈다. '매화는 핀다'가 아니라 시인은 '매화는 다시 핀다'라고 했다. 그러니까 새날을 고대하는 마음자리는 일회성으로 끝나는 것이 아니라 언제고, 내내, 지속되길 바라는 것이겠다.

다음으로 콩나물. 콩나물은 밭에서 자라는 것이 아니라 실내에서 검은 보자기를 씌워 키워지는 것이다. 그러므로 "검은 보자기에 눈을 가리고/ 오로지 빛을 향해 목이 길어지는/ 성장의 시간에 몰입하며" 기다리는 것은 콩나물의 숙명이다. 이때 콩나물이 잘 자라려면 "하얀 발 뿌리에서부터/ 똑바로 서야" 한다. 그것도 "좁아터진 경쟁의 틈 사이에서" "똑바로 서야" 한다. 그래서 시인은 콩나물이 키워지는 과정을 "노오란 머리의 동요 같은 음표들이/ 어두운 밀실에 갇혀/ 암흑의 역사를 쓰고 있다"(「콩나물 음표」)고 표현한 것이다.

다음으로 고목의 정체성을 헤아리는 풍경을 만나자.

> 뜨거운 피가 끓고 있을 때
> 지나가는 말로 들었던 것이
> 지나가는 말이 아니라는 것을
> 저녁에서야 깨달았다
> 푸른 시절
> 우듬지 하늘로 향해 소리쳤고
> 겨우내 자라목이 된 이웃에게
> 꽃망울 품어 봄소식도 전했다
> 숨비소리는 일상
> 대물림이 으뜸이라
> 산등성이까지 혈통이었다
>
> 어느덧
> 곰삭은 세월의 무게에
> 너덜너덜해진 껍질 벗어버리니
> 바람의 애무 공세는 그칠 날이 없고
> 온몸에 꺼칠하게 핀 허연 버짐
> 점령군이 되어 고통과 속박을 더하며
> 사흘을 굶은 좀벌레에
> 구멍난 가슴은 휘파랍새 소리를 낸다
> 그래도
> 이승의 찌꺼기 다 훑어내지 못해

고향으로 돌아가 새싹을 키울 꿈에
한껏 부풀어 있다

- 「고목枯木」 전문

  고목枯木은 말라서 죽어버린 나무를 가리킨다. 말라서 죽기 전 나무가 "푸른 시절"에는 "우듬지 하늘로 향해 소리쳤고/ 겨우내 자라목이 된 이웃에게/ 꽃망울 품어 봄소식도 전"하기도 했다. "어느덧/ 곰삭은 세월의 무게에/ 너덜너덜해진 껍질 벗어버리니" "푸른 시절"은 온데간데없고 고목이 되어 삭아버린 것이다. 여기까지가 사전적인 의미에서 고목을 시화한 것이다. 시인은 여기서 한 걸음 더 나아가 고목에 다시 생명을 불어 넣는다, 비록 말라비틀어진 죽은 나무이지만 "그래도/ 이승의 찌꺼기 다 훑어내지 못"한 존재로, 그래서 "고향으로 돌아가 새싹을 키울 꿈에/ 한껏 부풀어 있"는 존재로 고목의 존재 의미를 고양시키는 것이다. 우주의 순환원리 속에 고목枯木을 들어앉히는 것이다.

  다음으로 대나무. "휘어질지언정 꺾이지 않는/ 군자의 기개"를 지닌 것이 대나무의 본질이다. 이러한 대나무의 정체성은 "시간의 마디마디가 생겨야/ 단단하게 일어"설 수 있는 것. 이는 오랜 시간의 흐름이 배경이 되어야 가능한 것이다. 그 오랜 시간을 전제로 "곧고 곧아 바로 선 혼을 다스"리고 "푸르고 푸른 심신을 세우는/ 대나무의 청빈한 가르침"을 시인은 오늘도 되새기는 것이겠다.

　이러한 식물에 이어 시인은 동물의 정체성에 대해서도 주목한다. 먼저 딱따구리를 보자. "평생 무대인 통나무에" "흩어져 내"리는 "마음"을 부여잡고 한평생 사는 존재가 바로 딱따구리이다. "오늘도 한아름 넘는 나무"를 "붙들고/ 천지간에 자기의 터를 만들고자/ 산꾼의 시선 따윈 아랑곳이 없이/ 콕, 콕, 콕," 쉼 없이 쪼아대는 것이 딱따구리의 속성이다. 그런데 시인은 "콕, 콕, 콕."이라는 의성어가 "포효하는 사자를 능가"하고도 남는다고 표현한다. 놀라운 발상이다. "콕, 콕, 콕," 딱따구리가 쪼는 소리가 오히려 "사자"가 "포효하는" 소리를 앞지름으로써 시인에게 딱따구리는 사자보다 더 우렁찬 존재 가치를 지니게 되는 것이다. 이러한 딱따구리의 정체성을 시인은 자신에게로 향하게 한다. "부모에게 물려받은 긴 혀/ 그 쓰임새는 따라올 자가 없으니/ 내가 꼭 그렇다"(「딱따구리」)는 표현이 그것이다. "내가 꼭 그렇다!" "포효하는 사자를 능가"하고도 남는.

　그리고 "양날의 칼날처럼/ 거망빛 죽음의 밤바다를

베어"내는 "은빛 갈치"(「갈치잡이」)의 정체성도, "떠난 자리 꼭 돌아와야 한다는/ 약속"을 잊지 않는 연어(「연어」)의 정체성도 잊지 않는다.

다음으로 비단거미를 보자.

> 촘촘한 그물코
> 바람도 떨고 있다
> 날카로운 눈빛 번뜩이며
> 숨 삭이고 밤낮을 기다린다
> 한 뼘 하늘이 가까운 곳에서
> 모래처럼 깔린 별들과
> 묵언의 대화가 무르익어 가는데
> 새벽이 밤을 삼킨다
> 짊어진 숙명이 외톨이라
> 비단옷으로 몸뚱이 둘러 감고
> 허기 달래 줄 먹잇감 노려보지만
> 검불만 목매단다
> 간단없는 지상의 파노라마
> 마음 끌리긴 해도
> 원초적 본성을 잃지 않으려고
> 헐거워진 그물코 손질한다
>
> ― 「비단거미」 전문

"비단거미"는 이름에서도 짐작되듯이 여느 일반 거

미와는 달리 화려한 색감을 지닌 거미를 일컫는다. 비단처럼 여러 가지 색상으로 무늬도 지니고 있는 비단거미에는 여러 종류가 있다. 그렇다면 우리가 일반적으로 알고 있는 거미와 비단거미는 어떤 차이가 있는가. 그러니까 이 둘 사이에는 정체성의 측면에서 어떤 차이가 있는 것인가. 우선 "비단거미"가 "촘촘한 그물코"를 만들어놓고 "날카로운 눈빛 번뜩이며/ 숨 삭이고 밤낮을 기다"리는 것은 거미의 생존방식과 같다. "비단거미"가 "간단없는 지상의 파노라마"에 "마음 끌리긴 해도/ 원초적 본성을 잃지 않으려고/ 헐거워진 그물코"를 " 손질"하는 것 역시 거미와 마찬가지다. 차이는? 비단거미가 거미와는 다르게 단지 "비단옷으로 몸뚱이"를 "둘러 감고" 있는 것밖에는 없다. 그래서 비단거미는 "나뭇잎 불긋불긋 속살 드러낼 때" "막장을 달"리는 "곡예"(「비단거미 2」)를 부릴 수 있는 것이겠다. 비단거미가 "짊어진 숙명이 외톨이라" "허기 달래줄 먹잇감 노려보"는 것은 거미와 같은 처지이다. 그러니까 거미가 거미줄을 치는 이유는 집을 짓는 것이 아니라 먹이를 사냥하기 위해서이고, 거미나 비단거미나 그들이 지닌 존재의 정체성은 별반 다를 게 없는 것이다.

그러나 "비단옷으로 몸뚱이 둘러 감고" 있는 비단거

미의 모습이 "짊어진 숙명이 외톨이라"는 사실을 오히려 부각시키고 있어 매우 처연해 보인다. 화려한 생김새와 먹잇감을 하냥 기다리기만 하는 생존방식의 불일치로 처연함이 더욱 두드러지는 효과를 불러일으키는 것이다.

 이러한 자연물 이외 "하늘로 솟아오"르는 "연기"의 정체성에 대한 고민도 없다. 연기는 언뜻 매우 자유로워 보인다. 공기보다 비중이 가벼워 하늘하늘 "공중에서 리듬을 타는 몸짓은/ 하느님도 부러워"할 만하기 때문이다. 그러나 "물에 뜨지 않는 알갱이가 되려고" "연기"는 스스로의 본성에 골몰한다. 이러한 "연기"라는 존재에 시인은 감정이입을 한다. 그리하여 시인은 연기와 하나가 되어 "오늘도 나는/ 한 치의 망설임 없이 하늘을 오"(「연기가 피어오른다」)르는 것이다. 여기서 "나"는 연기여도 좋고 시인이어도 좋다. 분명한 것은 그것은 끊임없이 상승하려는 의지의 발현이라는 것.

 기억과 아버지, 존재의 정체성을 거쳐 온 여정을 토대로 시인은 시간과 인생의 의미들을 헤아린다. 사람의 마음자리 또는 관계를 가늠하는 것에서부터 우리네 일상의 의미, 시간의 흐름이 지닌 의미망, 시간 속 존재에 대한 성찰, 그리고 아무리 세월이 흘러도 변하지 않는 것에 대한 고찰들을 시로 승화시킨다.

먼저, 사람의 마음자리 또는 관계를 가늠하는 시인의 태도를 보자.

너랑

나랑

180도 엇박자다

— 「강제 집행」 전문

위 인용한 시는 한 행이 한 연으로 이루어진, 모두 3연으로 구성된 아주 짧은 작품이다. 그러나 이 간결한 형식 속에 사람과의 관계, 그 마음자리들이 빼곡히 다 들어 있다. 복잡미묘한 사람들의 이야기가 행간에 다 스며 있다. 그러니까 위 작품을 '어떻게' 읽느냐에 따라 작품의 해석이 아주 다양해지는 것이다.

조금만 생각해 보면 우리는 서로서로 다 다른 존재이다. 우리는 모두 다양한 존재들이다. 하여, 나와 모든 면에서 꼭 맞는 사람은 이 지구상에 단 한 명도 없겠다. 그저 서로 맞추어 갈 뿐. 그래서 나와 너는 처음부터 "180도 엇박자"에 놓일 수밖에 없는 관계. 그런데 제목이 '강제 집행'이다. 서로 맞지 않아 "180도 엇박자"가 날 수밖에 없는 관계를 '강제 집행권'을 행사해서 완만하게 만들려는 심사인지. 그렇다면 왜 그리해야 하는지.

다음으로 일상을 세심하게 들여다본 작품들을 보자.

> 봄이 피고 있다
>
> 피는 꽃들마다
> 마스크 쓰고
> 허둥지둥 동구 밖을
> 떠나고 있다
>
> 허기진 햇살이
> 얼굴 비비다 돌아가고
> 입 가린 보릿고개를
> 스케치 한다
>
> 인적 드문 골목시장
> 구석진 한편에 좌판 깔고 앉은
> 고사리 닮은 할머니
> 따뜻한 마음씨도 끼워 팔지만
> 눈길을 주지 않는다
>
> 단골손님 빼꼭하면

하늘을 나는 장사꾼의 목청
파시가 달갑지 않았는데
어제를 닮지 않은 오늘
세월이 내린 처방이라면
토를 달기가 무엇하다

- 「2020년의 보릿고개」 전문

 말 그대로 전 세계적인 재앙인 코로나로 우리네 일상이 몇 년간 완전히 단절되다시피 했다. 위 인용시는 그 당시 우리네 일상을 시화한 것이다. '2020년의 보릿고개', 꽤 흥미로우면서도 마음 아픈 제목이다. 경제가 부흥하기 전까지 우리나라에는 보릿고개가 있었다. 물질적으로나 심적으로나 빈곤하고 궁핍한 상태, 그 보릿고개를 시인은 코로나가 만연하던 시기에 빗대어 표현한 것이다.

 앞의 3연은 묘사가 아주 뛰어나다. "봄이 피고 있다"를 한 연으로 처리한 것은 영리한 선택이다. 한 행으로 한 연을 꾸밈으로써 전체 작품의 분위기를 압도하는 방식. 이어 나오는 2연, "피는 꽃들마다/ 마스크 쓰고/ 허둥지둥 동구 밖을/ 떠나고 있다"는 표현도 굉장하다. 코로나로 온 나라 사람들이 마스크로 얼굴을 가린 정황을 봄에 화사하게 피는 꽃들에게 대입하는 발상과 표현이 아주 깊은 공감을 불러일으킨다. 춘래불사춘春來不似春의 정황을 아주 적확하게 묘사한 것이다. 이어 나오는 3연도 다음 내용을 전개시키는 징검다리 역할로 **빼**어나다. "허기진 햇살이/ 얼굴 비비다 돌아가고/ 입 가린 보릿고개를/ 스케치" 하는 풍경.

이러한 발단을 넘어서 내용 전개의 공간을 "인적 드문 골목시장"으로 옮기고 "구석진 한편에 좌판 깔고 앉은/ 고사리 닮은 할머니"를 등장시킨다. "따뜻한 마음씨도 끼워" 파는 "할머니"를 등장시킨다. 그러나 코로나로 인적이 뚝 끊겨 사람들이 "눈길을 주지 않는다." 그러니 보릿고개가 고개를 들 수밖에. 이러한 상황을 시인은 다음과 같은 마무리로 여운을 남긴다. "어제를 닮지 않은 오늘/ 세월이 내린 처방이라면/ 토를 달기가 무엇하다." 과거와 다른 현재에 맞닥뜨린, 어찌할 바를 모르는 표정들과 마음들을 아주 세심하게 표현한 대목이다. 그래서 시적 여운이 오래 오래 남는 마무리이다. 「2020년의 보릿고개」는 시인의 작품 가운데 **빼**어난 수작이 아닐 수 없다.

이러한 일상을 헤아리는 작품으로 「머리방에서」도 있다. 위 인용시와 마찬가지로 이 작품 역시 코로나 상황을 전제로 한다. "호열자보다 기운이 센 돌림병으로/ 손님 뜸한 머리방"이 시적 공간이 되고, "헛기침하며 머리방 문을" 열고 들어와 "거울 앞에 선 낯선 사내"가 등장인물로 설정된다. 그리고 "신세대 패션으로 지지고 볶은 여자가/ 짧은 드레스를 끌며/ 사내의 머리를 손질하"는 미용사도 등장한다. 3인칭 관찰자 시점으로 시간의 흐름에 따라 상황을 차근차근 묘사해 나간다. "손님 뜸한 머리방"에서 "사내"는 의외의 호사를 누린다. "날이 시퍼렇게 선 가위가/ 사내의 헝클어진 생각들을 지"워 주는 것이 그것이다. 나아가 "피할 수 없는 고단한 세월을 등에 지고/ 소파에 걸터앉아 있던 사내"는 "한바탕 너스레를 부리던 짧은 휴식으로/ 발걸음"마저 "가벼워지"는 것이다. 코로나가 만연하던 우리네 일상의 한 풍경을 아주 잘 표현한 작품이다. 억압 속 해방감을 '이발'로 만끽하는, 그 당시 일상성을 잘 구현한 작품이다. 그리하여 무심한 듯 그러나 겉으로 드러나지 않는 복잡한 심사들을 오롯이 읽을 수 있는 작품이다.

다음으로 과거, 현재의 시간의 흐름이 지닌 의미망을 품은 작품들을 보자.

> 목소리 알아듣지 못할 골동품 전화기
> 음상音像을 얻기 힘든 케케묵은 녹음기

혹이 흉측스럽게 도배된 고목
어느새 몸과 야합해 살이 된 철심
번복을 외면한 말 엉덩이 불도장
칼리굴라의 심심풀이 바늘 패션
선택할 수 없는 자유
들불이 된 아름다운 고통
육체를 다듬어 가는 언어
둔한 걸음
헐떡이는 숨
무디어진 심장의 펌프질

- 「그리움」 전문

  위 작품은 아주 흥미로운 구성을 지닌다. 제목과 내용의 연계성이 특별하기 때문이다. 제목 '그리움'의 대상이 시의 내용으로 하나하나 소환되어 나열되기 때문이다. 시적 화자가 그리워하는 것은 "목소리 알아듣지 못할 골동품 전화기", "음상音像을 얻기 힘든 케케묵은 녹음기"들이다. 아주 오래된 물건뿐만 아니라 "어느새 몸과 야합해 살이 된 철심"도 그리움의 대상이다. 시인이 그리워하는 것으로 "선택할 수 없는 자유", "들불이 된 아름다운 고통", "육체를 다듬어 가는 언어"도 포함된다. 그리움의 대상으로 설정된 마지막

3개. "둔한 걸음", "헐떡이는 숨", "무디어진 심장의 펌프질"은 그리움의 맥락에서 여러 해석이 가능하겠다. 떠오르는 대로 두 개 정도로 접근해 보면, 하나는 "둔한 걸음", "헐떡이는 숨", "무디어진 심장의 펌프질"이 그립다기보다 그 이전 상태가 그립다는 의미이고, 또 다른 하나는 언젠가 내 육신이 사라지는 날 어느 미래의 상황에서 보면 둔하고 헐떡이고 무디어진 내 육체마저도 그리워질 것이라는 의미. 그래서 '그리움'은 현재의 실존을 더욱 공고히 하는 과거의 '문신' 같은 흔적.

「직선」도 시간이 지닌 의미망을 한껏 표출하고 있는 작품이다. "비좁은 지하철 출근길" "모르는 얼굴들"과 "어깨"를 "맞대는 일상이" 무려 "십 년 이십 년 혹은 삼십 년"이다. 그 긴 시간을 함께한 것이다. "십 년 이십 년 혹은 삼십 년" 속에 "나의 한평생이" 그리 "뻗어 있"는 것이다. 제목이 '직선', 그러니까 앞뒤 돌아볼 새도 없이 삶에 떠밀려 오로지 그 길만을 무심하게 흘러온 것이다. 그러한 "십 년 이십 년 혹은 삼십 년"이 "나의 한평생이" 되는 지점에서 시적 화자는 직선 위 아슬아슬한 존재감의 무게를 가늠해 보는 것이겠다.

시간이 지닌 의미망은 「다반사」에서도 발견된다. 과거에는 건강했던 신체가 세월 지나 나이 드니 "두 눈은 침침하고/ 허리는 통증을 몰고 오고/ 면역성 약해진 몸도 마음도/ 잔병치레가 잦아졌다." "여기저기 고장이 생기니/ 사는 일 고달프게도/ 병원 출입이 다반사"가 된 일을 시인은 고백하는 것이다. 다반사는 일상다반사의 줄임말로, 예삿일을 가리킨다. 예사로 행하는 일이 "병원 출입"이라니, 흐르는 세월이 야속해지는 순간이다. 노화는 자연스러운 일이라지만, 막상 그 순간에 다다르면 새삼 아뜩해지는 것이 인간의 심사. 실존주의 철학에서 인간을 "한계상황에 처한 존재"라고 하는데, 이 실존주의적 정의가 "사는 일 고달프게" 하는 지경에까지 다다른다면, 대부분의 사람들은 시간을 되돌리고 싶을지도 모른다.

다음은 시간 속 존재를 성찰하는 작품들이다.

> 나는 한때 결이 고운 청년이었다
> 우듬지 하늘에 닿기를 꿈꾸었다
>
> 높은 곳만 바라본 편향된 사고
> 뒤를 되돌아보게 한다
>
> 바람이 전봇대 삼키던 날
> 흙 붙들고 있는 뿌리를 보았다
> 나뭇등걸 휘어잡고 발버둥쳐도
> 지난 시간만 아쉽다

> 과거는 흘러간 강물
> 내 몸속 온기 사그라지고
> 영혼의 푸념거리 다할 때까지
> 이제
> 늦둥이 꽃을 피울 것이다

– 「인생을 돌아보다」 전문

위 인용시는 그야말로 자신의 한평생을 돌아보는, 성찰을 가득 담은 작품이다. 제목도 '인생을 돌아보다'이다. "높은 곳만 바라본 편향된 사고"가 나를, 내 삶의 "뒤를 되돌아보게" 하는 계기가 된다. "한때 결이 고운 청년이었"던 나는 한결같이 "우듬지 하늘에 닿기를 꿈꾸었"지만, "편향된 사고"가 덜컥, 발목을 잡는 것이다. "나뭇등걸 휘어잡고 발버둥 쳐도/ 지난 시간만 아"쉬울 따름이다. 그래서 시적 화자는 성찰의 끝자락을 예감과 다짐으로 장식한다. "과거는 흘러간 강물"에 지나지 않는다. 과거 없는 현재는 물론 없지만, 지나간 과거에 연연하다 보면 카르페 디엠, 그러니까 현재를 충실히 살지 못할 수도 있는 것이다. 그래서 시인은 지나간 과거를 흘려보내는 것이다. 그리고 "내 몸속 온기 사그라지고/ 영혼의 푸념거리 다할 때까지" "늦둥이 꽃을 피울 것이"라고 다짐하고 또 소망하는 것이다. 인생을 돌아본다는 것은 성찰과 함께 다가올 미래를 환하게 맞이하는 일. 시인은 인생을 진지하게 성찰함으로써 '성찰'이 지닌 무게를 구체적으로 체화하는 것이리라.

시간 속 존재를 성찰하는 작품으로 「빈 마음」도 있다. "염치없이 뱃속에서 꿈틀거리는/ 엉큼한 욕심을 녹이기 위해" 시인은 "내 맘의 주름"을 편다. 그런데 어찌된 영문인지 "펴도 펴도" "주름"은 "펴지지 않는"다. 여기서 시인은 포기하거나 좌절하지 않는다. 비록 "주름"이 "펴지지 않"을 지라도 "다린다/ 다림질이다/ 오늘도 다림질이다." 어제에 이어 "오늘도 다림질"을 한다. 만약 오늘 "주름"이 "펴지지 않는"다면 시적 화자는 내일도 "다림질"을 할 기세다. 그리하여 "염치없이 뱃속에서 꿈틀거리는/ 엉큼한 욕심을 녹"일 수 있다면, 곧 '빈 마음'이 된다면…. '빈 마음'이 지닌 영적 충만함을 역설적으로 환기하는 작품이다.

「마음이 닮았다」도 시간 속 존재를 성찰하는 작품으로 읽힌다. 시적 화자는 "비탈에 선 나무"와 자신을 동일시한다. 그래서 시적 화자의 마음은 곧 "비탈에 선 나무의 심정". "비탈에 선 나무의 심정"으로 보면 "좋은 날보다" 오히려 "가슴 울렁이는 날이 무게를 더한다". 꽤 울림 있는 철학적인 사유이다. 고통 없이는 즐

거울 수 없고 불행을 거치지 않고서는 행복을 맛볼 수가 없다는 너무나 당연한 진리를 우리는 종종 잊지는 않은가. 그래서 시인은 이러한 삶의 진리를 시적으로 형상화하면서 자신의 존재를 성찰하는 것이다. "이미 쓸려간 시간들"은 의미가 없다. 아니, 되돌리려 애써도 소용이 없다. 그래서 차라리 고난과 고통으로 점철된 현재를 기꺼이 받아들이는 지혜를 발휘하는 것이다. "화풀이 하는 천둥번개"와 "영혼까지 마구잡이"로 "흔드는 바람"이 오히려 "나를 단단하게 만드는 매질이" 되고, "비탈에 선 나무"이기도 한 시적 화자는 "애써 뿌리내리"려 애쓰면서 마침내 "뿌리내리"게 된다. 나아가 "잔가지 물올라 잎사귀 윤기"마저 "흐"르게 된다. 여기서 시인은 소아적 성찰과 만족에 그치지 않는다. 이타적인 마음까지 기꺼이 나아간다. "우연찮게 만나 마음 섞"은 "나그네", 나와 "엇비슷한 고부랑길"을 "걸어온 나그네"에게 나의 마음을 투사하는 것이 그것이다. 서로 "뿌리"가 "달라도" 시적 화자는 기꺼이 "따뜻한 손길로/ 30촉 전등"을 "함께 밝"히는 것이다. '마음이 닮았다', 이러한 제목은 자아와 타자(세계)를 동일시함으로써 획득하는 소중한 사랑에 다름 아니겠다.

다음으로 세월이 흘러도 변하지 않는 것에 대해 고

찰하는 사유를 따라가 보자.

전쟁터 우두머리
선봉에 서서 목숨을 초개같이 버리니
긴 세월 흘러도
죽어도 산 사람이다

악행은
눈과 귀를 틀어막아도
천리를 달아나
귓속말로 쑥덕거린다

효녀 효자
억지춘향이 아닌
오직 당신의 마음
입에서 입으로 되새김한다

서리와 눈은 안중에도 없으며
잡티 섞이지 않은 향기 품고
가쁜 숨 몰아쉬며
맨 먼저 달음질해 온 매화
선비정신 이름표 달았다

유년의 빛바랜 소꿉놀이
눈썹이 희어지니

머릿속에
새로이 터를 잡는다

- 「불변의 법칙」 전문

'불변의 법칙'은 4차 산업혁명이 난무하는 오늘날 더욱더 귀한 진리라 할 만하다. 하루가 다르게 변해 가고 발전해 가는 세상 속에서 가치가 지닌 힘의 위중함을 헤아려야만 하기 때문이다. 인간답게, 인간으로 살아간다는 것의 의미를 되새겨 볼 때 진리가 지닌 위력은 결코 가볍게 다루어져서는 안 된다. 이때 세월이 흘러도 변하지 않는 것, 곧 진리가 없다면 이 세상은 얼마나 허망하고 허무할까. 시시각각으로 변해가는 세상 속에서 변하지 않는 그 무엇이 있다는 사실만으로도 우리는 삶을 함부로 이어가진 않을 것이다. 시인은 바로 이러한 사실에 주목해서 '불변의 법칙'이라는 제목을 설정한 것이리라.

아무리 세월이 흘러도 변하지 않는 가치가 있다는 사실을 일깨워 준 사람들이 있다. "선봉에 서서 목숨을 초개같이 버"린 "전쟁터 우두머리"는 기나"긴 세월"이 "흘러도/ 죽어도 산 사람"으로 우뚝 선다. 그리고 악행을 일삼는 사람. 아무리 "눈과 귀를 틀어막아도" "악행은" 악행! 그것이 "천리를 달아나"더라도 "귓속말로 쑥덕거"려 냉대받는 것이 "악행"인 것이다. 포스트모더니즘의 사유 덕택에 선과 악의 이분법적인 구분이 모호해졌다 하더라도 선과 악이라는 개념 자체가 부정되는 것은 아니다. 악은 언제나, 여전히 악으로 남는 것이다. 아울러 선은 여전히, 언제나 선으로 남는 것이다. "오직 당신의 마음" 같아서 "입에서 입으로 되새김"하는 "효자 효녀"는 선의 가치로 내내 남는 것이다. "서리와 눈은 안중에도 없으며/ 잡티 섞이지 않은 향기 품고" "맨 먼저 달음질해 온 매화" 또한 "선비정신 이름표 달았"으니, 그 이름표, 정체성을 유지하며 길이길이 영원할 것이다. "유년의 빛바랜 소꿉놀이"도 아름다운 추억으로, 세월의 무게를 가늠하는 소중한 저울로 우리의 사유 속을 오래 오래, 아니 살아 있는 동안 내내 우리의 머릿속을 유영할 것이다.

　온정의 가치를 설파한 「구세군 종소리 들으며」도 변하지 않는 것에 대한 귀함과 염원을 담고 있어 눈길이 간다. 한 해의 끝자락에서, "찬란했고" 동시에 "어두웠던 한 해가/ 저"무는 것을 알리는 "구세군 종소리." 이러한 종소리의 가치는 "누구에게나 하나이다가/ 둘이 되면서 사방으로 여럿이 된다"는 것에 놓인다. "종소리에는 따뜻한 그늘이 있"어서 그렇다. "따뜻한 향기를 찾는 사람들 속에서/ 세계가 저무는 종소리가 있"

어서 그렇다. 이때 대두되는 단어는 온정과 사랑. "온정의 손길은 추운 가지 사이로/ 얼굴 내미는 것"에 다름 아니다. "온정은 멀어진 마음"을 "다독이는 눈물"이고, "내가/ 나를 돌아보게" 하는 힘이다. 이러한 온정이 있는 한 "사랑은" 결코 "그치지 않는다." "가도 가도 끝자락에는 내가 저물고/ 따뜻한 외투보다 차가운 마음 녹여 주는 종소리에서/ 사랑은" 결코 "그치지 않는" 것이다.

아, 아무리 시간이 흘러도 변하지 않는 가치는 오랜 세월 견딤의 미학을 구축하는 데서도 발견할 수 있다. "600살이 넘도록 고이고이 지켜온 몸가짐"의 대명사 '안동 하회마을'에서 그 변하지 않는 가치를 만난다. 무엇보다 "투명 물고기"를 "닮아 진실만 보여준 세월"을 잘 견뎌 온 덕분이겠다. "이제"는 결코 "놓아서는 안 될 탯줄"(「안동 하회마을」)이 된 '안동 하회마을.'

고석근 시인의 세 번째 시집 『어느덧 기억의 바다』. 앞에 상재한 두 시집의 연장선상에서 시간에 오롯이 바쳐진 시집. 시간이 전경이 되기도 하고 배경이 되기도 하면서 기억, 아버지, 존재들이 지닌 정체성, 인생이 지닌 의미망들의 네 축으로 내용이 도도하게 흐르고 있는.

3.

'기억의 바다'를 유영한다. '시간의 시인'이 마련한 기억의 바다, 그 밀물과 썰물에 몸을 맡긴다. "약 14억 년 후에는 모든 바닷물이 증발해 바다도 사라지고, 지구는 금성과 같은 황폐한 별이 될 것이다."라는 예언을 결코 믿지 않으며, "기억은 상상력의 자양분"이라고 한 에이미 탄의 말은 이내 믿으며.

시인을 '시간의 시인'이라 부를 때 여기서 시간은 뉴턴이 말한 '절대 시간'을 의미하지는 않는다. 어떤 관찰자와도 무관하고, 그 어떤 장소에서도 일정한 속도로 나아가는 뉴턴적인 시간 관념은 사양한다. 절대 시간, 물리적 시간이 아니라 기억의 회로에 의해 작동하는 심리적 시간 개념이 중요하다. 그리하여 시간을 뇌가 만들어내는 환상이라고 말하는 발언도 기꺼이 접수.

어느덧, 기억의 바다에 다다르면, 시인에게서 여전

히, 일관되게 발견되는 화해와 조화의 정신을 만난다. 세 번째 시집이 앞의 두 시집과 연장선상에 놓이면서 화해와 조화의 정신은 더욱 굳건해졌다. 그 이유는 무작정 펼치는 긍정적인 사유가 아니라 갈등을 거친 화해와 조화, 슬픔을 견딘 기쁨, 고난을 이겨낸 평화여서 그렇다. 자연과 사물과 사람에 대한 시선이 한층 깊어지면서 다가가는 시간의 패러독스.

'안락한 삶'과 '충만한 삶'을 구분하면서 "안락한 삶이 아닌 충만한 삶에 이르고자/ 탈출과 변신"을 마다하지 않겠다는(「시인의 말」) 시인의 다음 발걸음이 궁금하다.

빛남시선 : 149
어느덧 기억의 바다

초판인쇄 | 2023년 8월 20일
초판발행 | 2023년 8월 22일
지 은 이 | 고석근
펴 낸 곳 | 빛남출판사
등록번호 | 제 2013-000008호
주　　소 | (49370)부산시 사하구 감천로21번길 54-6
　　　　　 T.(051)441-7114　F.(051)244-7115
　　　　　 E-mail:wmhyun@hanmail.net

ISBN 979-11-88539-86-4 03810

₩ 10,000